AF189302

Impressum
Verlag: BABADADA GmbH, Nedderfeld 112 , 22529 Hamburg
Geschäftsführer / Verlagsleitung: Harald Hof
Druck: Books on Demand GmbH, In de Tarpen 42, 22848 Norderstedt

Imprint
Publisher: BABADADA GmbH, Nedderfeld 112 , 22529 Hamburg, Germany
Managing Director / Publishing direction: Harald Hof
Print: Books on Demand GmbH, In de Tarpen 42, 22848 Norderstedt

école

lekol

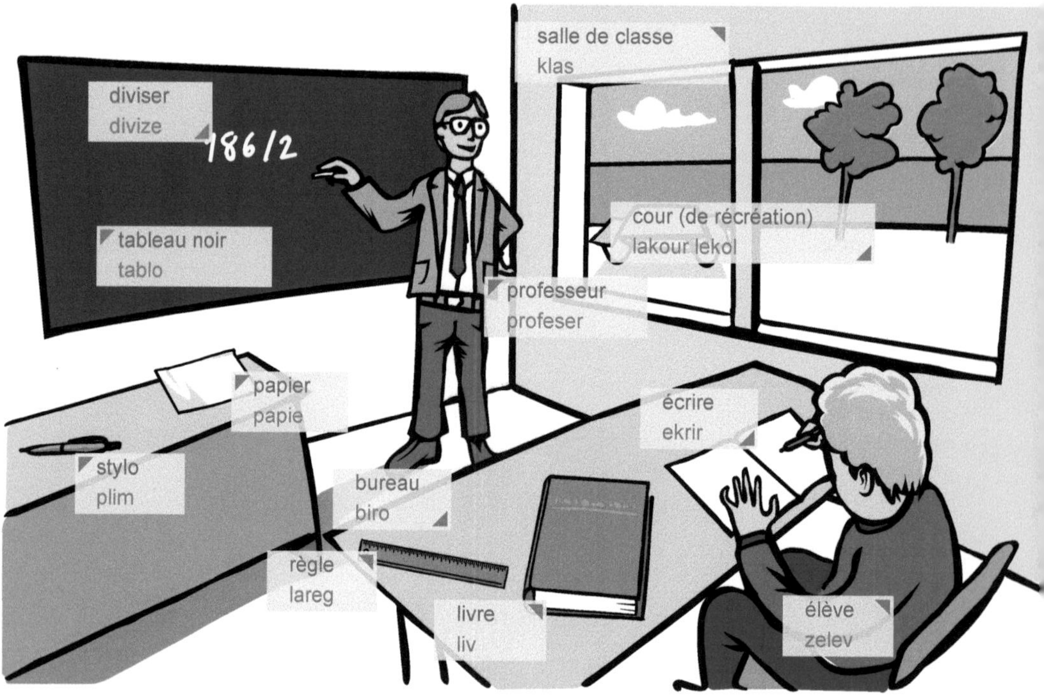
salle de classe
klas
diviser
divize
186/2
tableau noir
tablo
cour (de récréation)
lakour lekol
professeur
profeser
papier
papie
écrire
ekrir
stylo
plim
bureau
biro
règle
lareg
livre
liv
élève
zelev

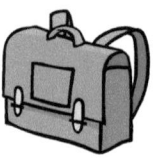

cartable

sak lekol

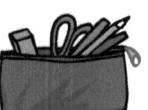

trousse

plimie

crayon

kreyon

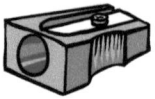

taille-crayon

egizwar

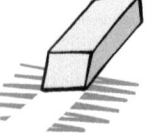

gomme

gom

carnet à dessin

kaye desin

dessin

desin

pinceau

pinso

boîte de peinture

bwat lapintir

ciseaux

sizo

colle

lakol

cahier d'exercices

kaye devwar

devoirs

devwar

chiffre

nimero

additionner

azoute

soustraire

retire

multiplier

miltipliye

calculer

kalkile

lettre

let

alphabet

alfabet

mot

mo

texte
text

lire
lir

craie
lakre

leçon
leson

livre de classe
rezis

examen
lexame

certificat
sertifika

uniforme scolaire
iniform lekol

formation
ledikasion

lexique
lansiklopedi

université
liniversite

microscope
mikroskop

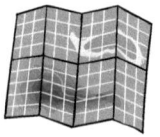

carte
map

corbeille à papier
poubel

voyage
vwayaz

Grand
hôtel
lotel
auberge
loberz
ROOMS
bureau de change
biro sanz
CHANGE
valise
valiz
voiture
loto

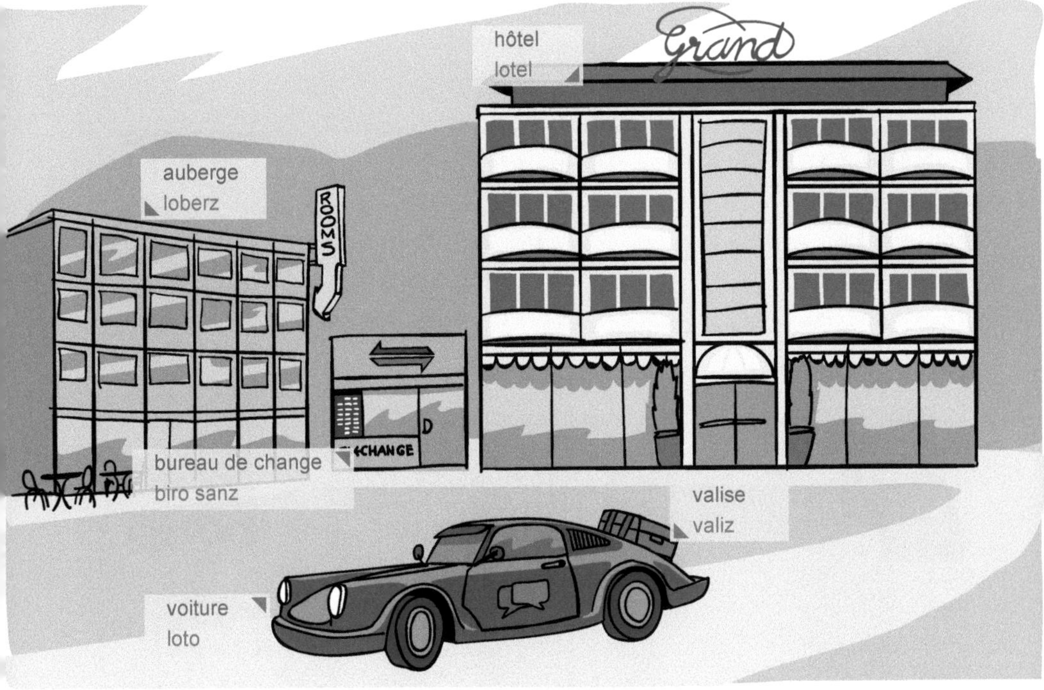

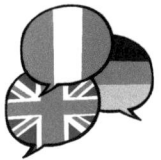

langue
langaz

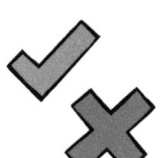

oui / non
wi / non

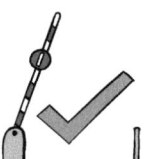

d'accord
okay

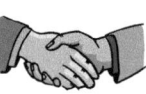

Salut
Alo

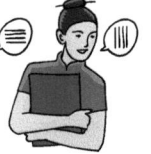

interprète
tradikter

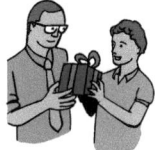

merci
Mersi

Combien coûte...?

komie sa..?

Je ne comprends pas

Mo pa pe konpran

problème

problem

Bonsoir !

Bonswar!

Bonjour !

Bonzour!

Bonne nuit !

Bonn nwi!

Au revoir

o-revwar

direction

direksion

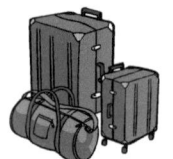

bagages

bagaz

sac

sak

sac-à-dos

sak-a-do

hôte

ot

pièce

pies

sac de couchage

sak kousaz

tente

latant

office de tourisme

lofis tourism

plage

laplaz

carte de crédit

kart kredi

petit-déjeuner

ti-dezene

déjeuner

dezene

dîner

dine

billet

biye

ascenseur

lasanser

timbre

tem

frontière

frontier

douane

ladwann

ambassade

lanbasad

visa

viza

passeport

paspor

voyage - vwayaz

transport
transpor

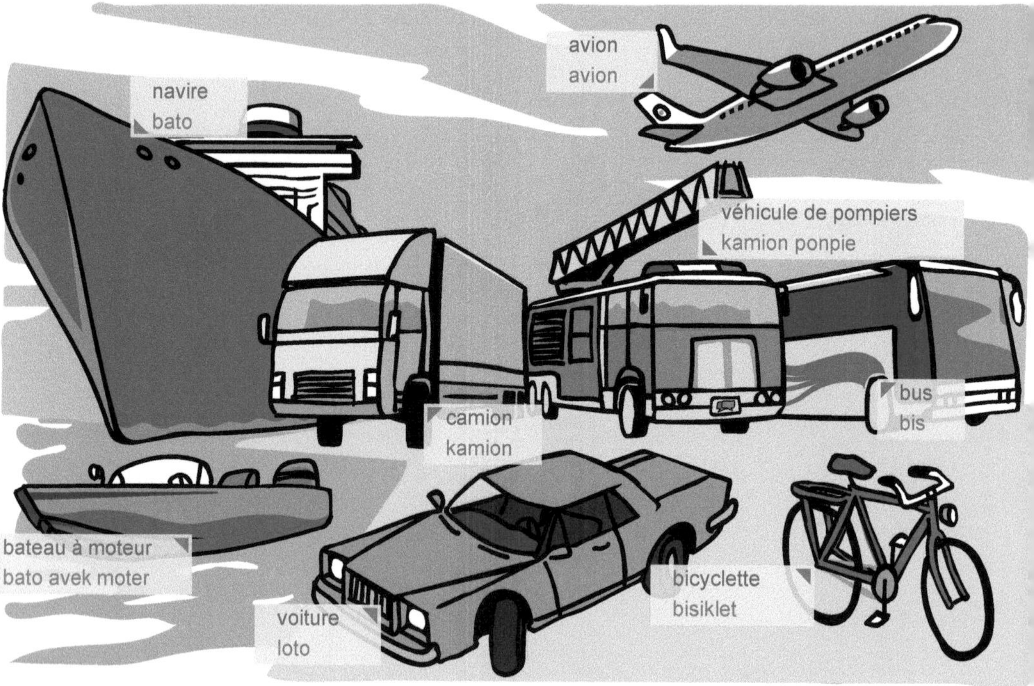
avion
avion
navire
bato
véhicule de pompiers
kamion ponpie
bus
bis
camion
kamion
bateau à moteur
bato avek moter
bicyclette
bisiklet
voiture
loto

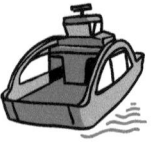

ferry

feri

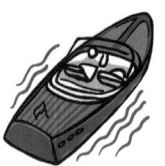

barque

bato

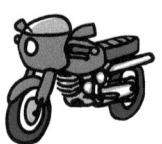

moto

motosiklet

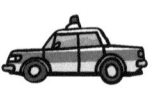

voiture de police

loto lapolis

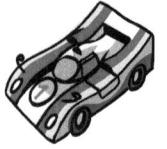

voiture de course

loto lekours

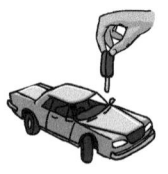

voiture de location

loto lokasion

auto-partage

ko-vwatiraz

voiture de remorquage

kamion towing

benne à ordures

kamion salte

moteur

moter

essence

lesans

station d'essence

filing

panneau indicateur

pano indikasion

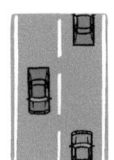

trafic

trafik

embouteillage

anbouteyaz

parking

parking

gare

stasion trin

rails

ray

train

trin

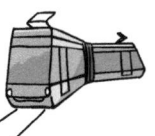

tramway

tram

wagon

vagon

hélicoptère

elikopter

aéroport

aeropor

tour

towing

passager

pasaze

conteneur

kontener

carton

karton

chariot

sario

corbeille

panie

décoller / atterrir

dekole / aterir

ville

lavil

village

vilaz

centre-ville

sant-vil

maison

lakaz

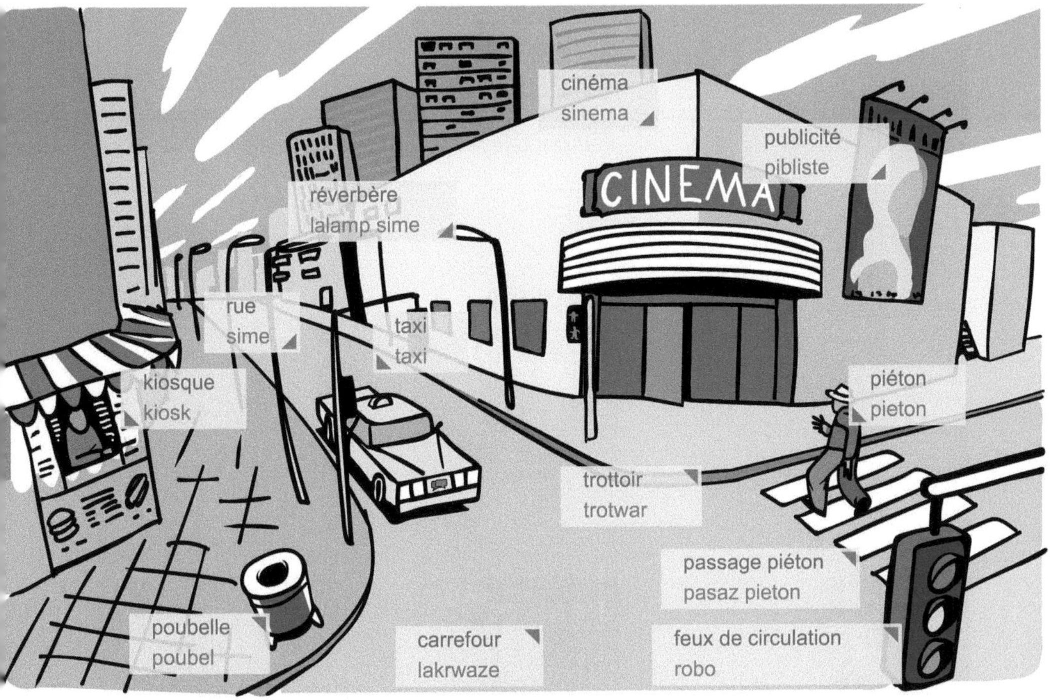

cinéma
sinema

publicité
pibliste

réverbère
lalamp sime

CINEMA

rue
sime

taxi
taxi

piéton
pieton

kiosque
kiosk

trottoir
trotwar

passage piéton
pasaz pieton

poubelle
poubel

carrefour
lakrwaze

feux de circulation
robo

cabane

kabann

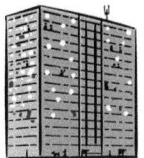

appartement

flat

gare

stasion trin

mairie

minisipalite

musée

mize

école

lekol

université

liniversite

banque

labank

hôpital

lopital

hôtel

lotel

pharmacie

farmasi

bureau

biro

librairie

libreri

magasin

magazin

fleuriste

fleris

supermarché

sipermarse

marché

bazar

grand magasin

gran magazin

poissonnerie

pwasonnri

centre commercial

sant komersial

port

lepor

parc

park

banque

labank

pont

pon

escaliers

leskalie

métro

metro

tunnel

tinel

arrêt de bus

bistop

bar

bar

restaurant

restoran

boîte à lettres

bwat-a-let

panneau indicateur

pano

parcmètre

parkmet

zoo

zoo

piscine

pisinn

mosquée

moske

ferme
laferm

pollution
polision

cimetière
simitier

église
legliz

aire de jeux
lespas pou zwe

temple
tanp

paysage
peizaz

feuille
fey

panneau indicateur
pano indikasion

chemin
sime

pré
preri

pierre
ros

arbre
pie

randonneur
randonner

rivière
larivier

herbe
lerb

fleur
fler

vallée
lavale

montagne
kolinn

lac
lak

forêt
bwa

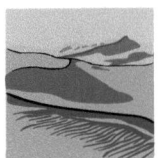

désert
dezer

volcan
volkan

château
sato

arc-en-ciel
larkansiel

champignon
sanpinion

palmier
palmie

moustique
moutik

mouche
mous

fourmis
fourmi

abeille
abey

araignée
zarenie

coléoptère

koksinel

grenouille

grenouy

écureuil

ekirey

hérisson

erison

lièvre

lapin

chouette

ibou

oiseau

zwazo

cygne

sign

sanglier

sangliye

cerf

serf

élan

elan

barrage

dam

éolienne

eolienn

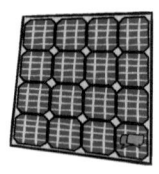

panneau solaire

pano soler

climat

klima

restaurant
restoran

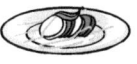

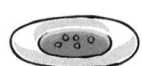

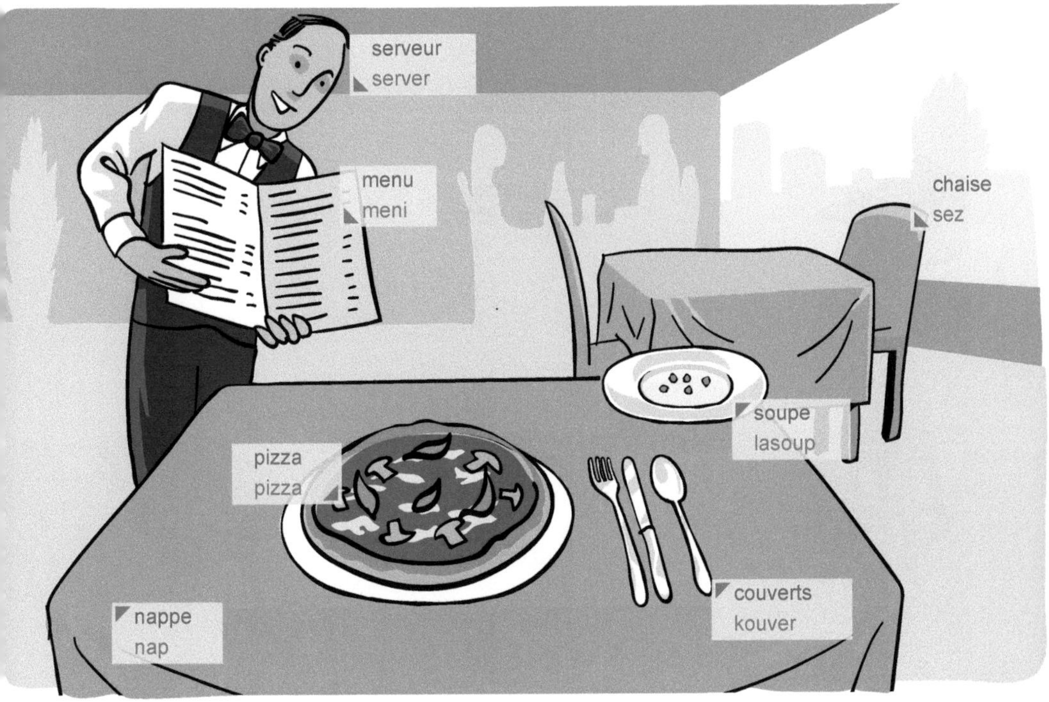
serveur
server
menu
meni
chaise
sez
soupe
lasoup
pizza
pizza
couverts
kouver
nappe
nap

hors d'œuvre
lantre

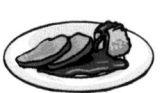

plat principal
pla prinsipal

dessert
deser

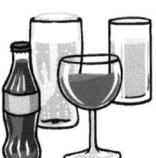

boissons
labwason

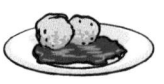

alimentation
manze

bouteille
boutey

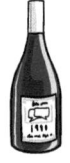

fast-food

fast food

plats à emporter

take-away

théière

teyer

sucrier

po disik

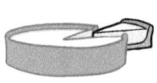

portion

porsion

machine à expresso

masinn expresso

chaise haute

sez-ot

facture

bill

plateau

plato

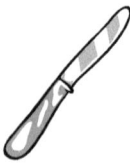

couteau

kouto

fourchette

fourset

cuillère

kwiyer

cuillère à thé

ti-kwiyer

serviette

serviet

verre

ver

assiette

lasiet

assiette à soupe

lasiet

soucoupe

soukoup

sauce

lasos

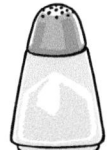

salière

po disel

moulin à poivre

moulin dipwav

vinaigre

vineg

huile

delwil

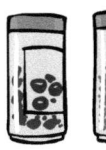

épices

zepis

ketchup

ketchup

moutarde

lamoutard

mayonnaise

mayonez

supermarché
sipermarse

offre promotionnelle
promosion
client
klian
produits laitiers
prodwi a baz dile
fruits
frwi
chariot
trole
FOR

BUTCHERS

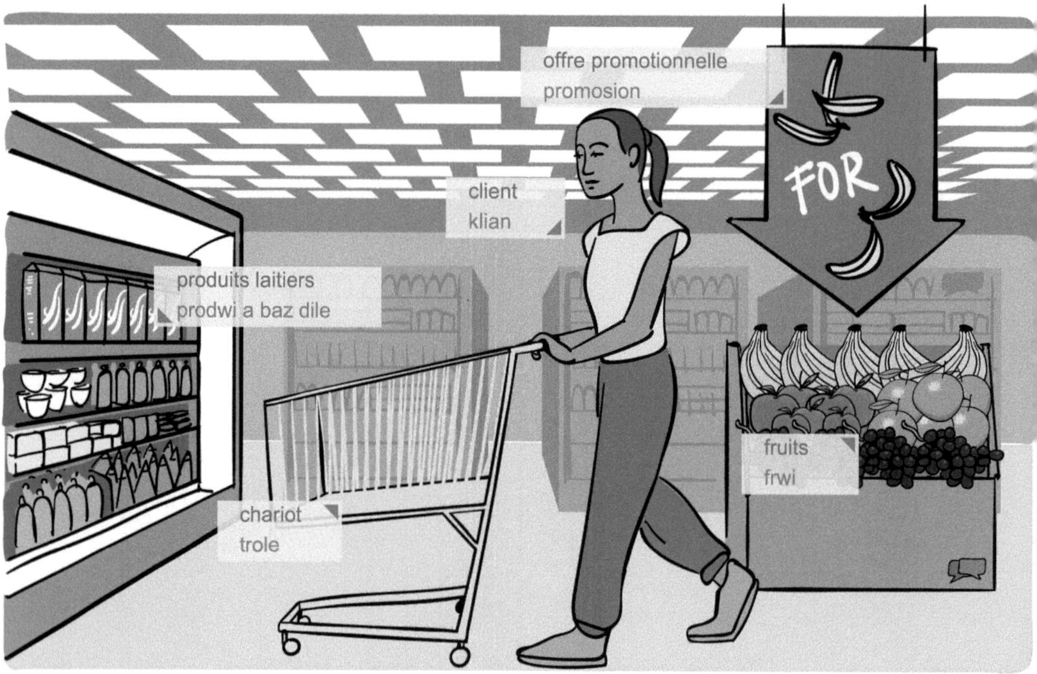

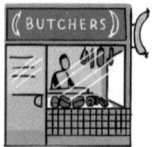

boucherie

bousri

BAKERY

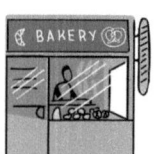

boulangerie

boulanzri

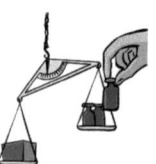

peser

peze

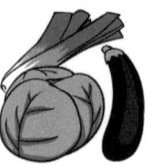

légumes

legim

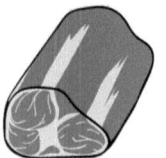

viande

laviann

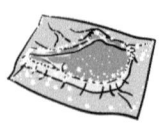

aliments surgelés

aliman konzele

charcuterie

sarkitri

conserves

bwat konserv

poudre à lessive

lapoud masinn

bonbons

bonbon

articles ménagers

komision

détergents

deterzan

vendeuse

vandez

caisse

lakes

caissier

kesie

liste d'achats

lalis komision

heures d'ouverture

ouvertir

portefeuille

portfey

carte de crédit

kart kredi

sac

sak

sac en plastique

sak plastik

supermarché - sipermarse

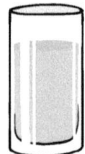

eau

delo

jus de fruit

zi

lait

dile

coca

coca

vin

divin

bière

labier

alcool

lalkol

chocolat chaud

sokola so

thé

dite

café

kafe

expresso

expresso

cappuccino

cappuccino

banane

banann

pomme

pom

orange

zoranz

melon

melon

citron

sitron

carotte

karot

ail

lay

bambou

banbou

oignon

zwayon

champignon

sanpiyon

noisettes

nwazet

pâtes

minn

spaghetti

spageti

riz

diri

salade

salad

pommes frites

chips

pommes de terre rôties

pomdeter frir

pizza

pizza

hamburger

burger

sandwich

sandwich

escalope

eskalop

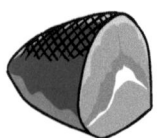

jambon

zanbon

salami

salami

saucisse

sosis

poulet

poul

rôti

roti

poisson

pwason

alimentation - manze

flocons d'avoine

oatmeal

muesli

muesli

cornflakes

kornbif

farine

lafarinn

croissant

krwasan

petits-pains

ti-dipin

pain

dipin

pain grillé

dipin griye

biscuits

biskwi

beurre

diber

le fromage blanc

fromaz blan

gâteau

gato

œuf

dizef

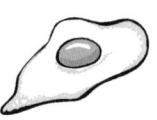

œuf au plat

dizef frir

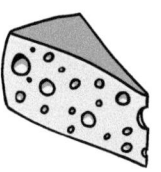

fromage

fromaz

glace

sorbe

sucre

disik

miel

dimiel

confiture

konfitir

crème nougat

nouga

curry

kari

ferme
laferm

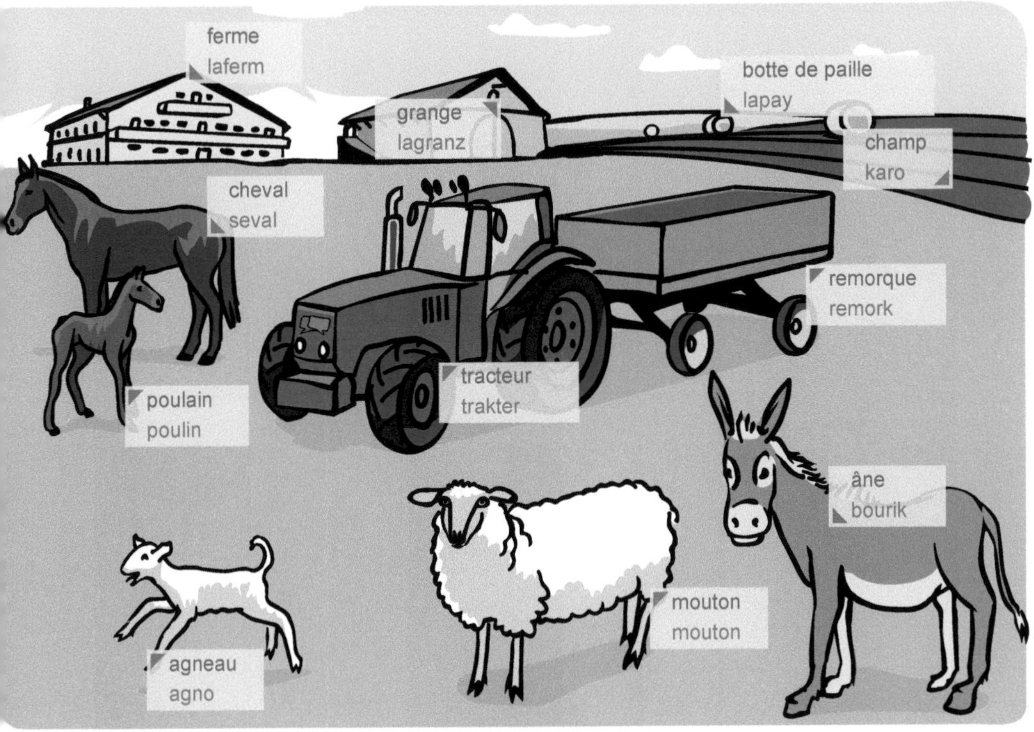
ferme
laferm
grange
lagranz
botte de paille
lapay
champ
karo
cheval
seval
remorque
remork
tracteur
trakter
poulain
poulin
âne
bourik
mouton
mouton
agneau
agno

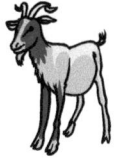

chèvre

kabri

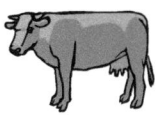

vache

vas

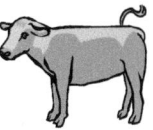

veau

vo

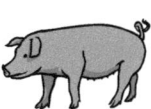

porc

koson

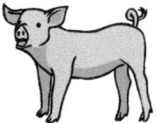

porcelet

ti-koson

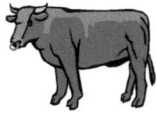

taureau

toro

oie

lezwa

canard

kanar

poussin

pousin

poule

poul

coq

kok

rat

lera

chat

sat

souris

souri

bœuf

bef

chien

lisien

chenil

lakaz lisien

tuyau de jardin

tiyo

arrosoir

arozwar

faucheuse

laserp

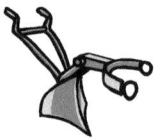

charrue

saret

faucille
fosi

pioche
pios

fourche
fours

hache
lars

brouette
bouret

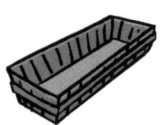

cuve
kiv

pot à lait
bwat dile

sac
sak

clôture
fencing

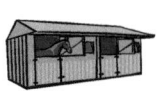

étable
letab

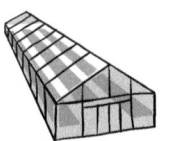

serre
laser

sol
later

semences
lagrin

engrais
langre

moissonneuse-batteuse
masinn pou fer rekolt

récolter
rekolte

récolte
rekolt

igname
ignam

blé
dible

soja
soya

pomme de terre
pomdeter

maïs
may

colza
colza

arbre fruitier
zarb frwitie

manioc
maniok

céréales
sereal

maison
lakaz

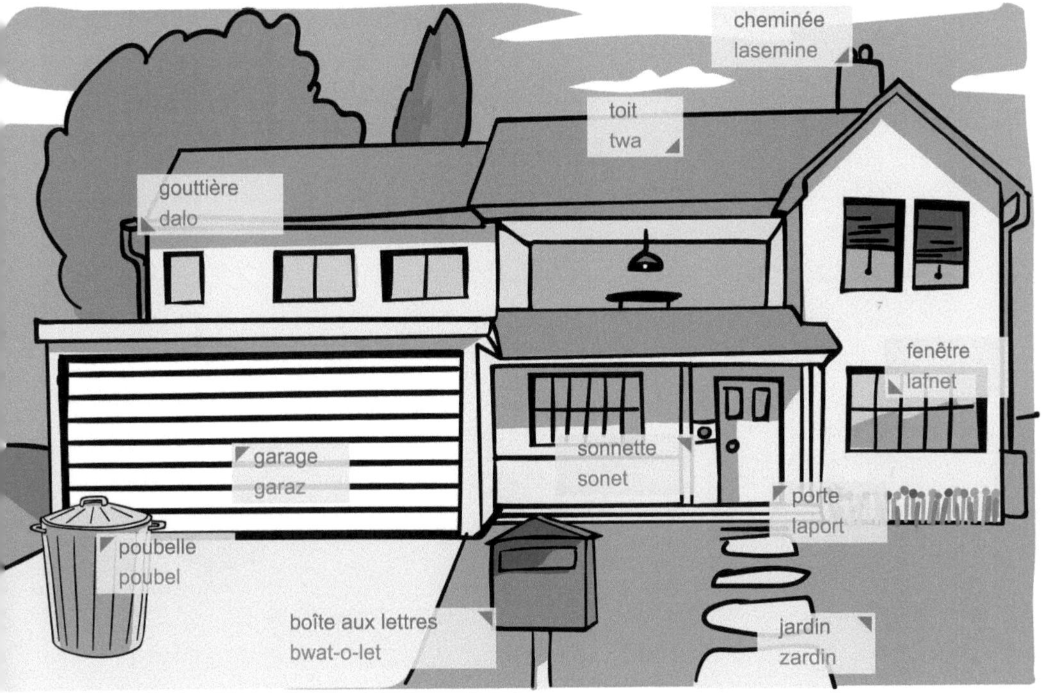
cheminée
lasemine
toit
twa
gouttière
dalo
fenêtre
lafnet
sonnette
sonet
garage
garaz
porte
laport
poubelle
poubel
boîte aux lettres
bwat-o-let
jardin
zardin

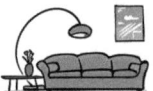

salon

salon

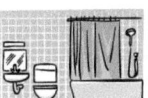

salle de bain

saldebin

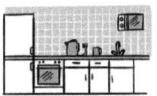

cuisine

lakwizinn

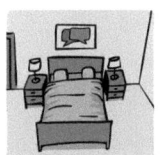

chambre à coucher

lasam

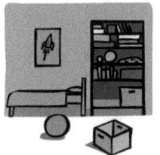

chambre d'enfant

lasam zanfan

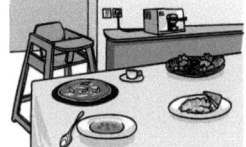

salle à manger

salamanze

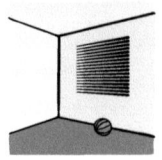

sol
sali

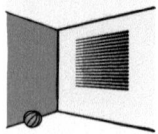

mur
miray

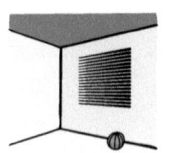

plafond
plafon

cave
lakav

sauna
sona

balcon
balkon

terrasse
teras

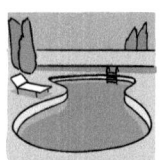

piscine
pisinn

tondeuse à gazon
masinn koup gazon

housse
dra

couette
kwet

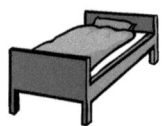

lit
lili

balai
balie

sceau
seo

interrupteur
take lalimier

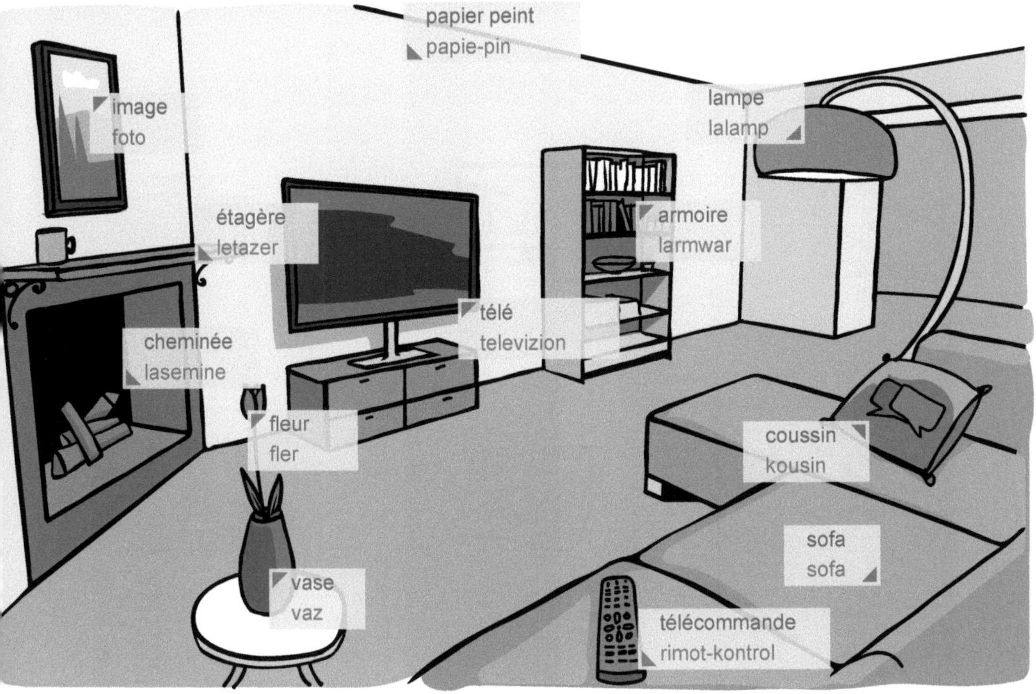

papier peint
papie-pin

image
foto

lampe
lalamp

étagère
letazer

armoire
larmwar

cheminée
lasemine

télé
televizion

fleur
fler

coussin
kousin

sofa
sofa

vase
vaz

télécommande
rimot-kontrol

tapis
tapi

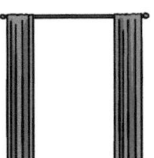

rideau
rido

table
latab

chaise
sez

chaise à bascule
rocking chair

fauteuil
fotey

livre

liv

couverture

kouvertir

décoration

dekorasion

bois de chauffage

dibwa foye

film

fim

chaîne hi-fi

hi-fi

clé

lakle

journal

zournal

peinture

lapintir

poster

poster

radio

radio

bloc-notes

bloknot

aspirateur

laspirater

cactus

kaktis

bougie

labouzi

salon - salon

cuisine
lakwizinn

réfrigérateur
frizider
four à micro-ondes
mikro-ond
balance de cuisine
balans
grille-pain
toaster
détergent
deterzan
four
four
compartiment congélateur
frizer
poubelle
poubel
lave-vaisselle
lav-vesel

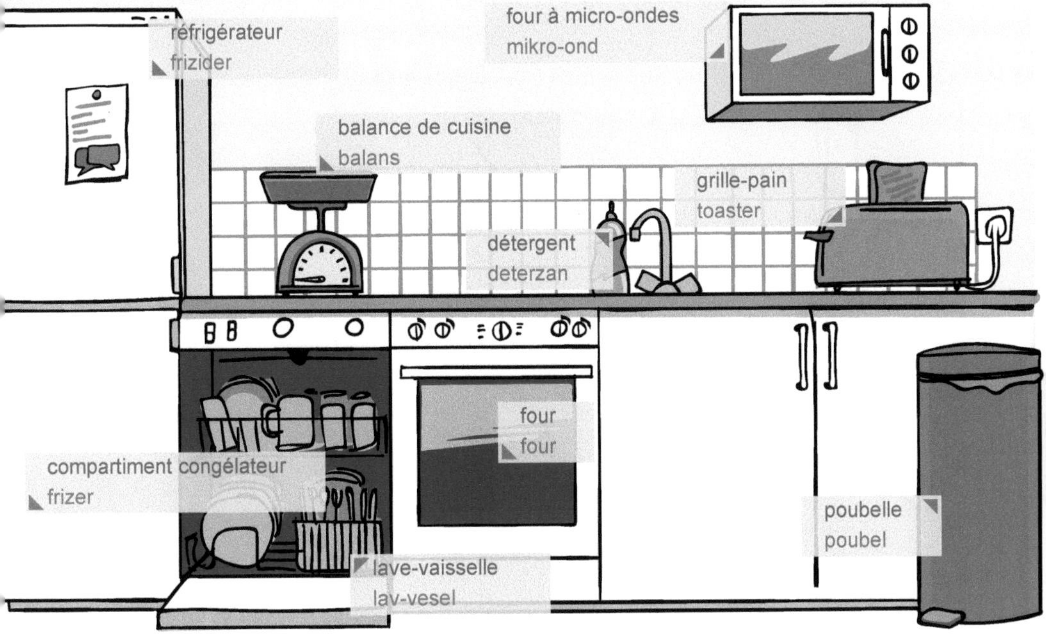

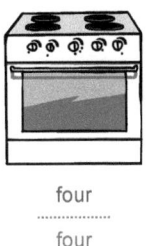

four

four

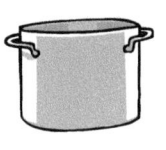

casserole

kasrol

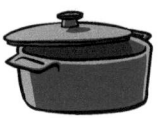

marmite

marmit

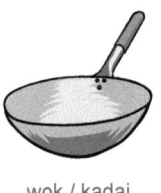

wok / kadai

wok

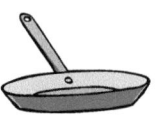

poêle

pwal

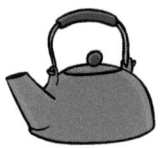

bouilloire electrique

boulwar

cuiseur vapeur
steamer

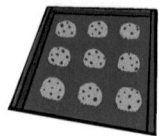

plaque de cuisson
plak kwison

vaisselle
vesel

gobelet
goble

coupe
bol

baguettes
baget sinwa

louche
lous

spatule
spatil

fouet
fwet

passoire
paswar

tamis
tami

râpe
larap

mortier
mortie

barbecue
griyad

cheminée
lasemine

planche à découper

biyo

rouleau à pâtisserie

roulo

tire-bouchon

tirbouson

boîte

bwat konserv

ouvre-boîte

ouvbwat

maniques

legan proteksion

lavabo

lavabo

brosse

bros

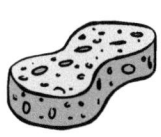

éponge

leponz

mixeur

blender

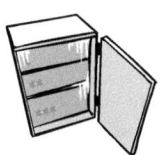

congélateur

konzelater

biberon

bibron

robinet

robine

salle de bain
saldebin

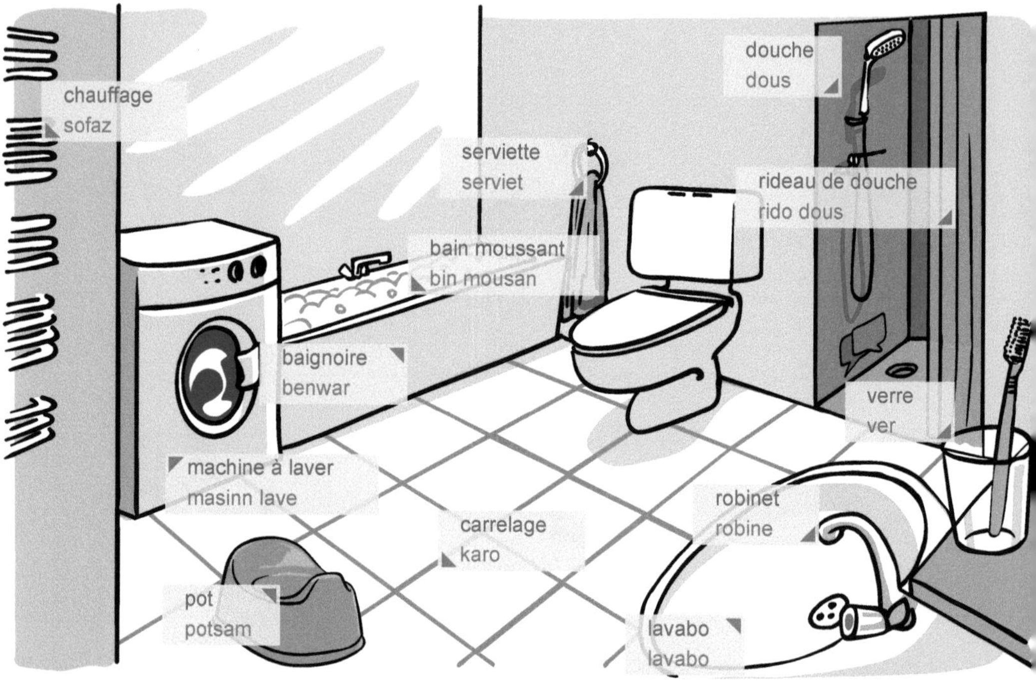

douche
dous
chauffage
sofaz
serviette
serviet
rideau de douche
rido dous
bain moussant
bin mousan
baignoire
benwar
verre
ver
machine à laver
masinn lave
robinet
robine
carrelage
karo
pot
potsam
lavabo
lavabo

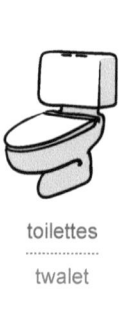

toilettes
twalet

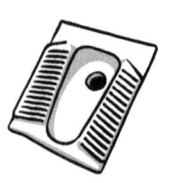

toilette à la turque
twalet

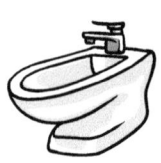

bidet
bide

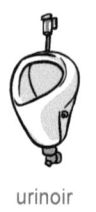

urinoir
piswar

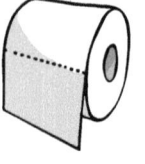

papier toilette
papie twalet

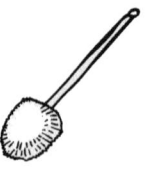

brosse à toilette
bros twalet

brosse à dents

bros ledan

dentifrice

dantifris

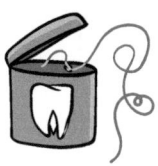

fil dentaire

fil danter

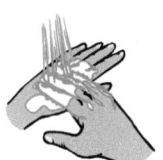

laver

lave

douche manuelle

ti-bin

douche intime

dous

vasque

basin

brosse dorsale

bros ledo

savon

savon

gel douche

zel dous

shampooing

sanpwin

gant de toilette

gandebin

écoulement

drin

crème

lakrem

déodorant

deodoran

miroir

mirwar

miroir cosmétique

mirwar

rasoir

razwar

mousse à raser

lamous pou raze

après-rasage

apre-razaz

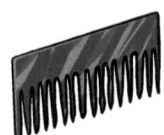

peigne

pengn

brosse

bros

sèche-cheveux

seswar

laque pour cheveux

lak

fond de teint

makiyaz

rouge à lèvres

dirouz

vernis à ongles

verni

ouate

cotton wool

coupe-ongles

tay-zong

parfum

parfin

trousse de toilette

trous twalet

tabouret

stoul

pèse-personne

balans

peignoir

penwar

gants de nettoyage

legan netwayaz

tampon

tanpon

serviettes hygiéniques

serviet izienik

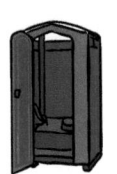

toilette chimique

twalet simik

chambre d'enfant

lasam zanfan

réveil
revey
doudou
doudou
voiture jouet
ti loto
hochet
ose
maison de poupée
lakaz zouzou
cadeau
kado

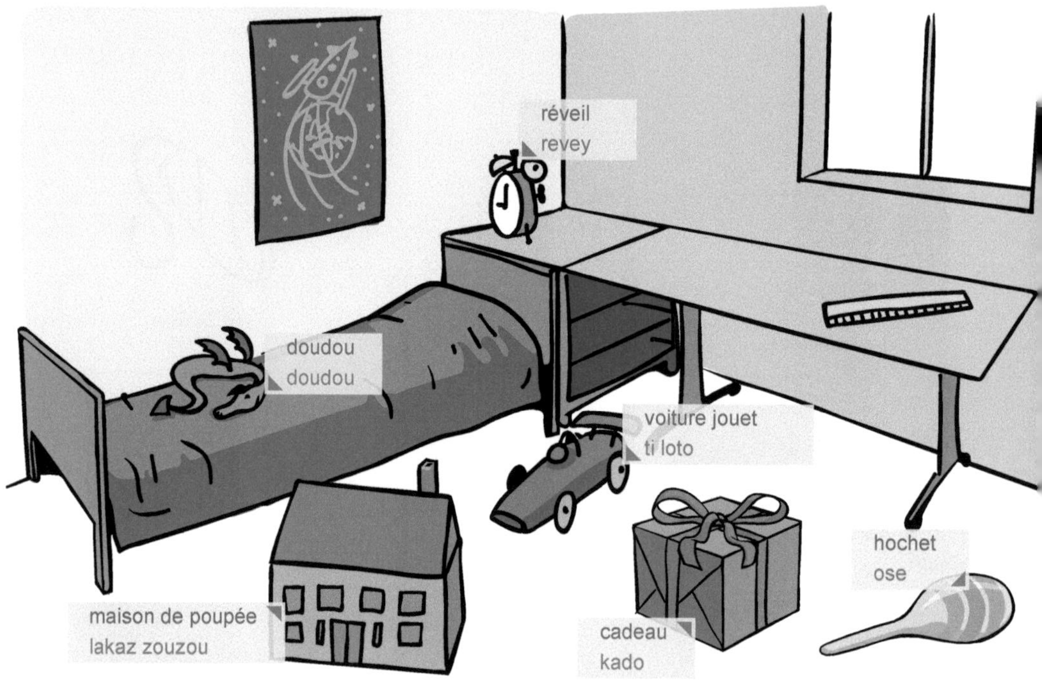

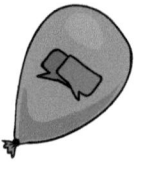

ballon
balon

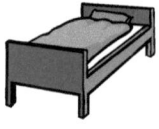

lit
lili

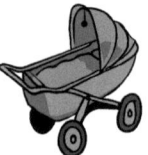

poussette
pouset

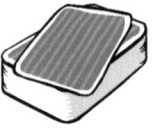

jeu de cartes
kart

puzzle
puzzle

SUPER MEGA

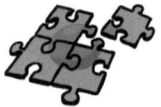

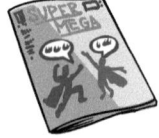

bande dessinée
tikomik

pièces lego

lego

blocs de construction

lego

figurine

figirinn

grenouillère

grenouyer

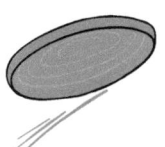

frisbee

frisbee

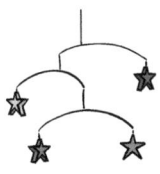

mobile

mobil

jeu de société

zwe

dé

lede

train miniature

trin zouzou

sucette

siset

fête

fet

livre d'images

liv ek zimaz

balle

boul

poupée

poupet

jouer

zwe

bac à sable

bak-a-sab

balançoire

balanswar

jouets

zouzou

console de jeu

game

tricycle

trisik

ours en peluche

nounours

armoire

larmwar

vêtements

linz

chaussettes

soset

bas

leba

collant

kolan

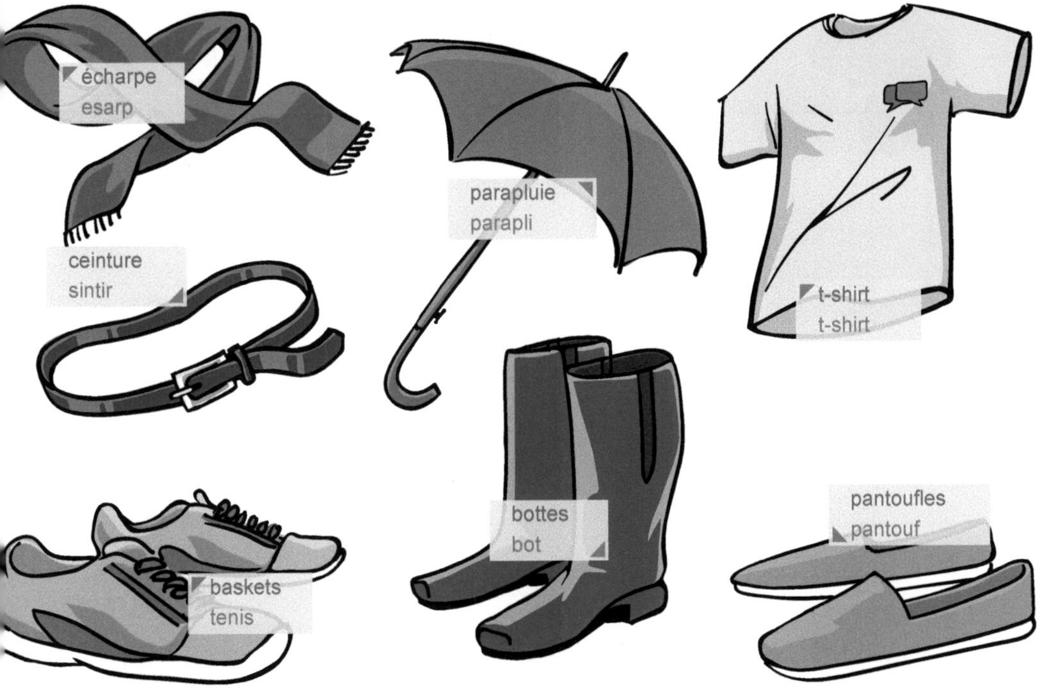

écharpe
esarp

ceinture
sintir

parapluie
parapli

t-shirt
t-shirt

bottes
bot

pantoufles
pantouf

baskets
tenis

sandales
....
sandalet

chaussures
....
soulie

bottes de caoutchouc
....
bot an karotsou

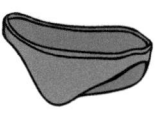
sous-vêtements
....
souvetman

soutien-gorge
....
soutiengorz

maillot de corps
....
vest

body
body

pantalon
pantalon

jean
jeans

jupe
zip

chemisier
blouz

chemise
simiz

pull
pull-over

sweat à capuche
blouzon ek kapison

veste
vest

veste
jaket

manteau
manto

imperméable
pardesi

costume
kostim

robe
rob

robe de mariée
rob lamarye

costume

kostim

chemise de nuit

robdesam

pyjama

pizama

sari

sari

foulard

foular

turban

tirban

burqa

bourka

caftan

kaftan

abaya

abaya

maillot de bain

mayo de bin

maillot de bain

mayo de bin

short

sorti de sekour

tenue d'entraînement

linz spor

tablier

tabliye

gants

legan

bouton

bouton

lunettes

linet

bracelet

brasle

collier

kolie

bague

bag

boucle d'oreille

zanon

bonnet

bone

cintre

sint

chapeau

sapo

cravate

kravat

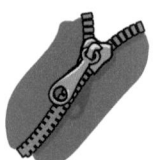

fermeture éclair

fermetirekler

casque

elmet

bretelles

bretel

uniforme scolaire

iniform lekol

uniforme

iniform

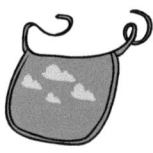

bavoir

bavwar

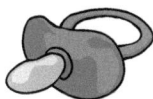

sucette

siset

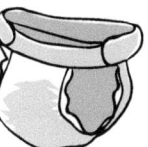

lange

lanz

bureau
biro

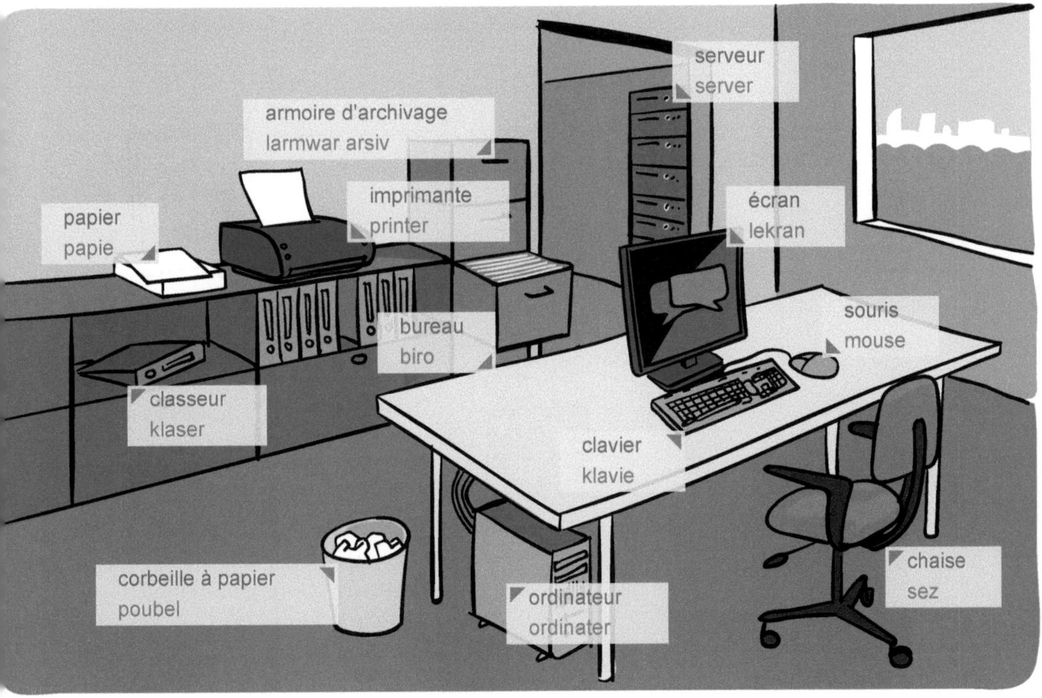

serveur
server
armoire d'archivage
larmwar arsiv
imprimante
printer
papier
papie
écran
lekran
bureau
biro
souris
mouse
classeur
klaser
clavier
klavie
corbeille à papier
poubel
ordinateur
ordinater
chaise
sez

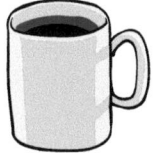

tasse de café

mug

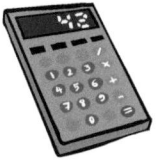

calculatrice

kalkilatris

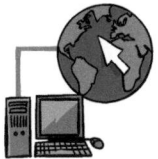

internet

internet

ordinateur portable

laptop

lettre

let

message

mesaz

portable

portab

réseau

rezo

photocopieuse

fotokopi

logiciel

lozisiel

téléphone

telefonn

prise

priz

fax

fax

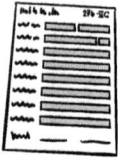

formulaire

form

document

dokiman

acheter

aste

payer

peye

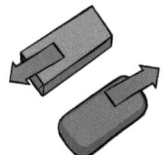

faire du commerce

fer biznes

monnaie

larzan

 USD

dollar

dolar

 EUR

euro

euro

 JPY

yen

yen

 RUB

rouble

rouble

 CHF

franc suisse

fran swis

 CNY

renminbi yuan

renminbi yuan

 INR

roupie

roupi

distributeur automatique

distribiter biye

bureau de change

biro sanz

or

lor

argent

larzan

pétrole

petrol

énergie

lenerzi

prix

pri

contrat

kontra

taxe

tax

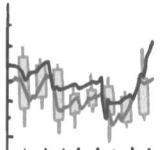

action

aksion

travailler

travay

employé

anplwaye

employeur

anplwayer

usine

lizinn

magasin

magazin

professions
travay

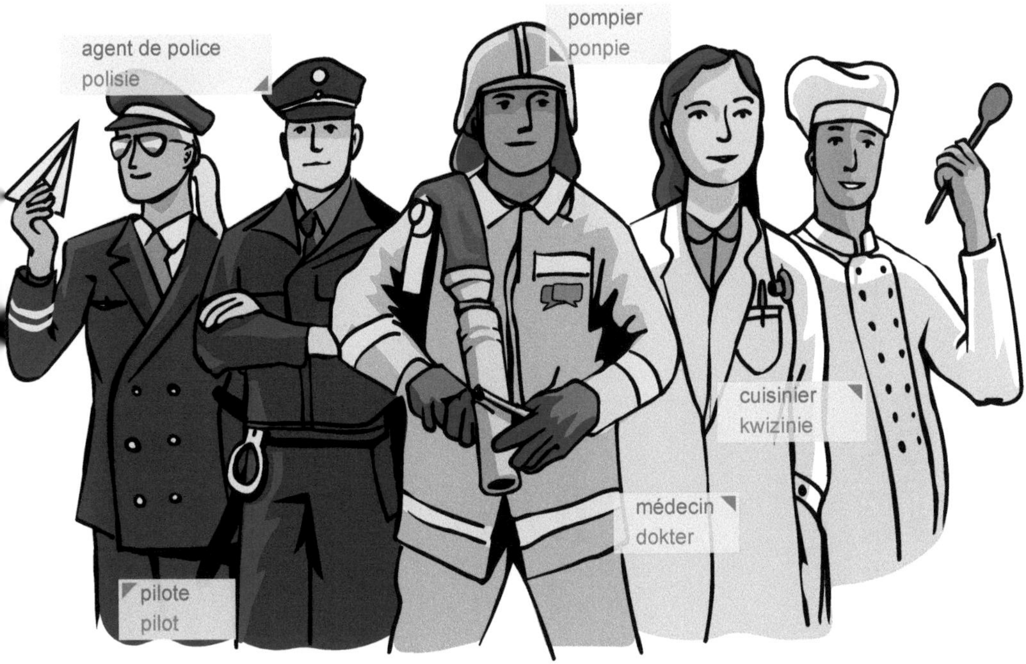
agent de police
polisie
pompier
ponpie
cuisinier
kwizinie
médecin
dokter
pilote
pilot

jardinier

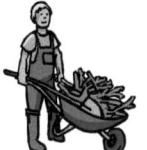

zardinie

menuisier

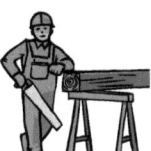

sarpantie

couturière

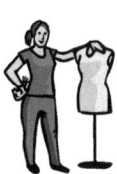

koutirier

juge

ziz

chimiste

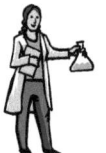

simis

acteur

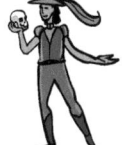

akter

conducteur de bus

sofer bis

chauffeur de taxi

sofer taxi

pêcheur

peser

femme de ménage

bonn

couvreur

zouvriye twa lakaz

serveur

server

chasseur

saser

peintre

pint

boulanger

boulanze

électricien

elektrisien

ouvrier

zouvriye

ingénieur

inzenier

boucher

bouse

plombier

plonbie

facteur

fakter

soldat

solda

architecte

arsitek

caissier

kesie

fleuriste

fleris

coiffeur

kwafez

contrôleur

chek

mécanicien

mekanisien

capitaine

kapitenn

dentiste

dantis

scientifique

siantis

rabbin

rabi

imam

imam

moine

mwann

prêtre

pret

outils

zouti

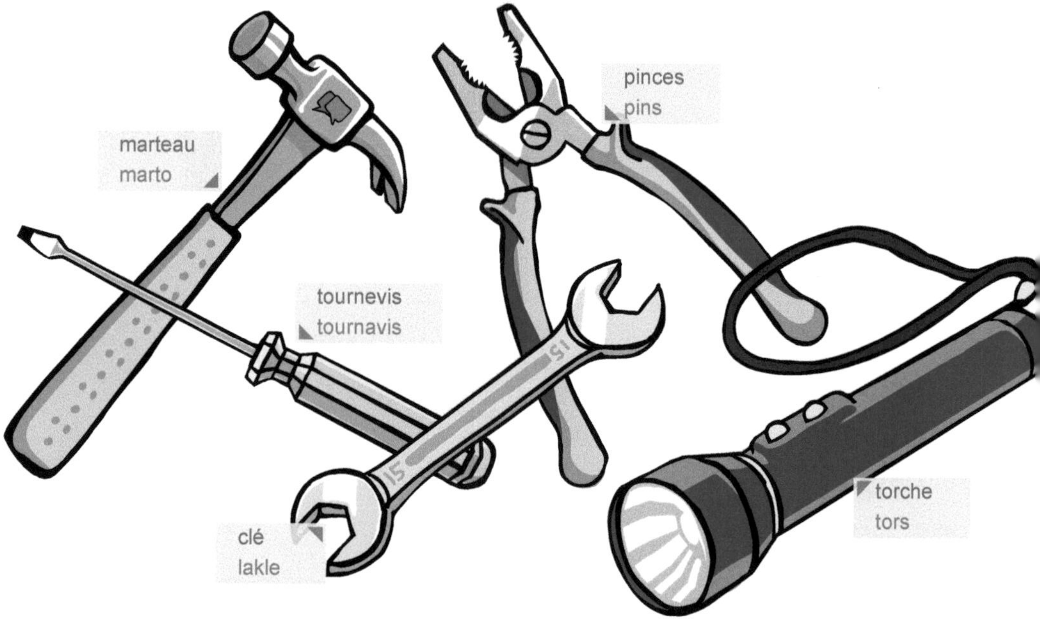
marteau
marto
pinces
pins
tournevis
tournavis
clé
lakle
torche
tors

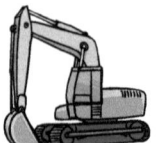

pelleteuse

peltez

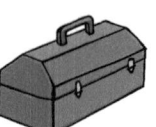

boîte à outils

bwat zouti

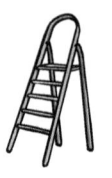

échelle

lesel

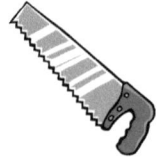

scie

lasi

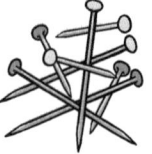

clous

koulou

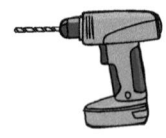

perceuse

persez

réparer
....
aranze

pelle
....
lapel

Mince !
....
Ayo!

pelle
....
lapel

pot de peinture
....
po lapintir

vis
....
vis

instruments de musique
instriman lamizik

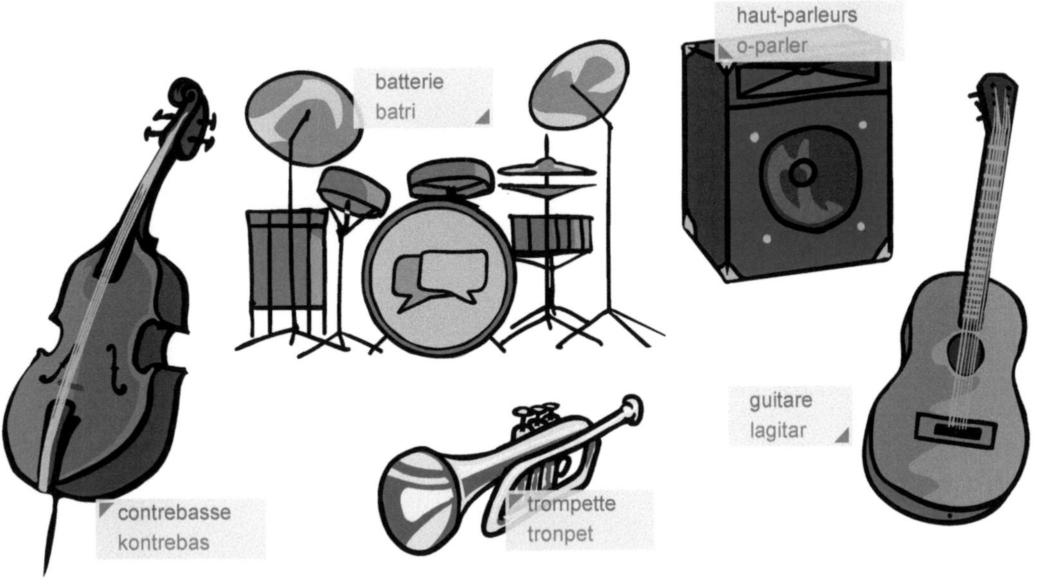

batterie
batri

haut-parleurs
o-parler

guitare
lagitar

contrebasse
kontrebas

trompette
tronpet

piano

piano

violon

violon

basse

bas

timbales

tinbal

tambour

tanbour

piano électrique

klavie

saxophone

saxofonn

flûte

laflit

microphone

mikro

instruments de musique - instriman lamizik

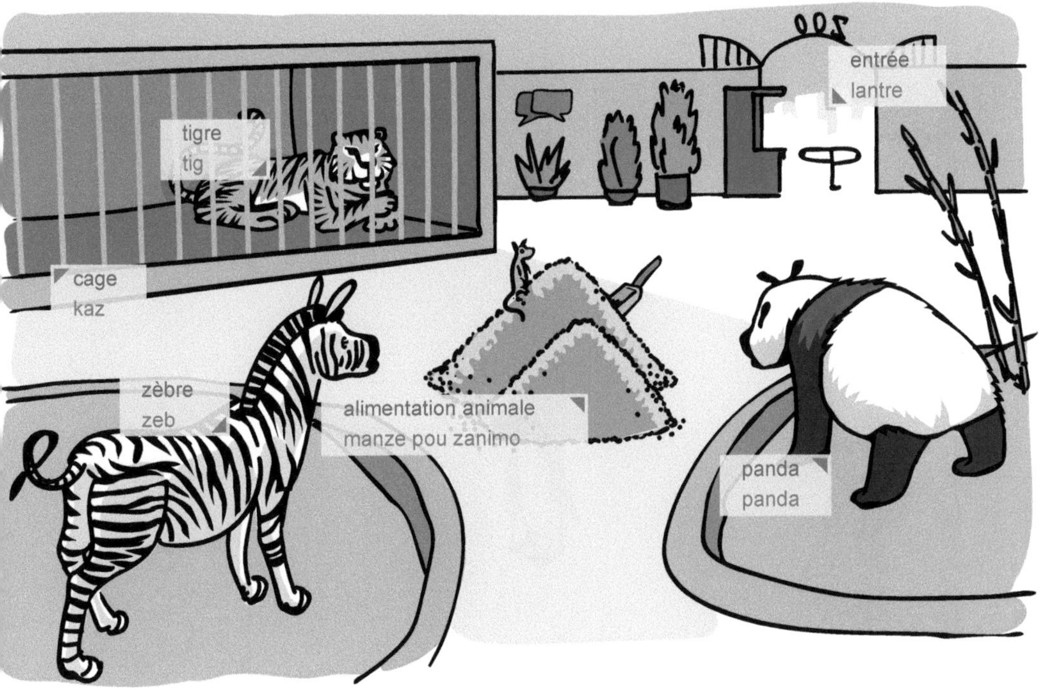

entrée
lantre

tigre
tig

cage
kaz

zèbre
zeb

alimentation animale
manze pou zanimo

panda
panda

animaux

zanimo

éléphant

lelefan

kangourou

kangourou

rhinocéros

rinoceros

gorille

gori

ours

lours

chameau
samo

autruche
lotris

lion
lion

singe
zako

flamand rose
flaman roz

perroquet
peroke

ours polaire
lours poler

pingouin
pingwi

requin
rekin

paon
pan

serpent
serpan

crocodile
krokodil

gardien de zoo
gardien zoo

phoque
fok

jaguar
zagwar

poney

poney

léopard

leopar

hippopotame

ipopotam

girafe

ziraf

aigle

leg

sanglier

sangliye

poisson

pwason

tortue

torti

morse

mors

renard

renar

gazelle

gazel

american Football
foutborl ameriken

cyclisme
siklism

tennis
tenis

basket-ball
basketball

natation
natasion

boxe
labox

hockey sur glace
oke lor gazon

football
foutborl

badminton
badminton

athlétisme
atletism

handball
handball

ski
ski

polo
polo

activités
aktivite

sauter
sote
embrasser
maye
rire
riye
marcher
marse
chanter
sante
rêver
reve
prier
priye
faire la bise
anbrase

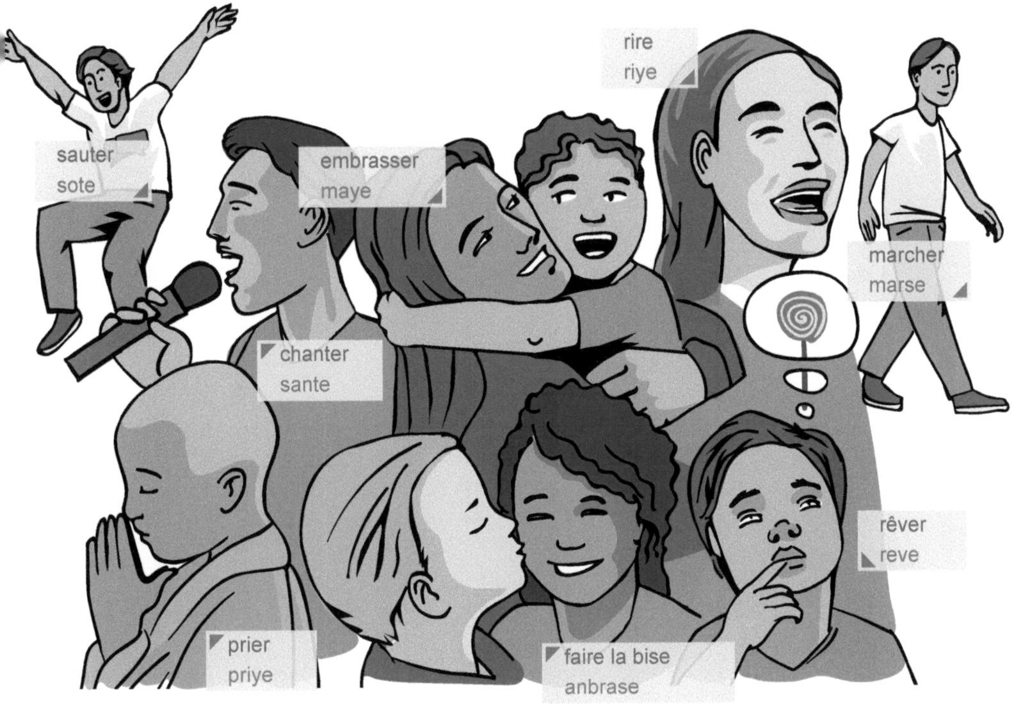

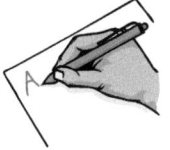

écrire

ekrir

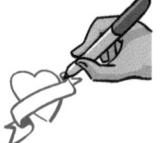

dessiner

desine

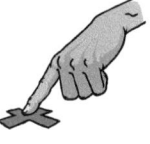

montrer

montre

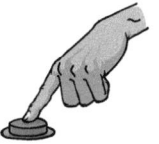

pousser

pouse

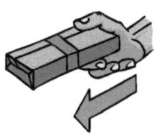

donner

done

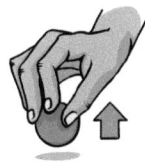

prendre

pran

avoir

ena

faire

fer

être

ete

être debout

diboute

courir

galoupe

trier

rise

jeter

zete

tomber

tonbe

être couché

alonze

attendre

atann

porter

amene

être assis

asize

s'habiller

abiye

dormir

dormi

se réveiller

leve

regarder
gete

pleurer
plore

caresser
karese

peigner
pengne

parler
koze

comprendre
konpran

demander
dimande

écouter
ekoute

boire
bwar

manger
manze

ranger
netwaye

aimer
kontan

cuire
kwi

conduire
kondir

voler
anvole

faire de la voile
fer lavwal

calculer
kalkile

lire
lir

apprendre
aprann

travailler
travay

se marier
marye

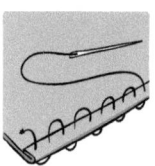

coudre
koud

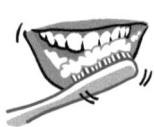

brosser les dents
bros ledan

tuer
touye

fumer
fime

envoyer
avoye

grand-mère
granmer

grand-père
granper

père
papa

mère
mama

bébé
ti-baba

fille
tifi

fils
garson

hôte
....
ot

tante
....
matant

oncle
....
tonton

frère
....
frer

sœur
....
ser

corps
lekor

front
fron
œil
lizie
épaule
zepol
doigt
ledwa
visage
figir
menton
manton
main
lame
jambe
lazam
poitrine
tete
bras
lebra

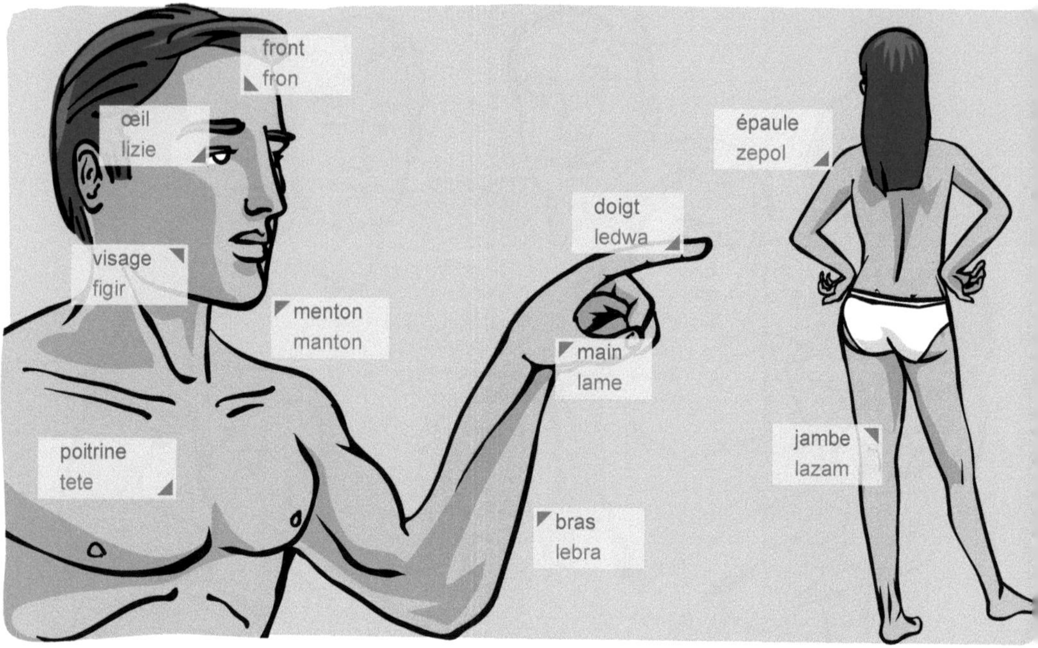

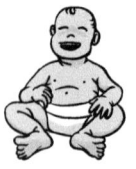

bébé

ti-baba

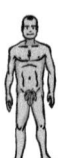

homme

zom

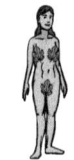

femme

fam

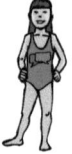

fille

tifi

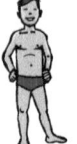

garçon

ti-garson

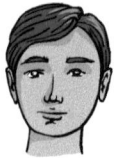

tête

latet

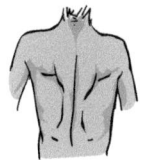

dos

ledo

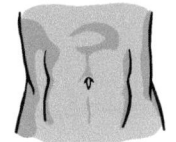

ventre

vant

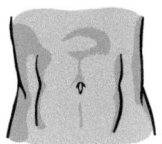

nombril

lonbri

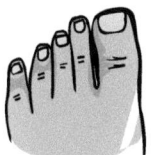

orteil

zortey

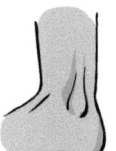

talon

talon

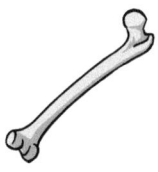

os

lezo

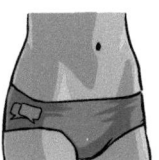

hanche

laans

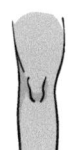

genou

zenou

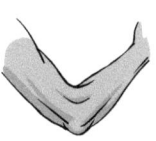

coude

koud

nez

nene

fesses

fes

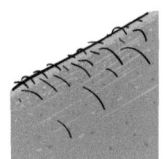

peau

lapo

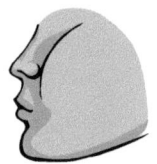

joue

lazou

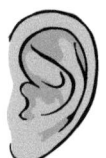

oreille

zorey

lèvre

lalev

bouche

labous

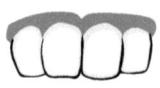

dent

ledan

langue

lalang

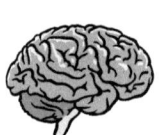

cerveau

servo

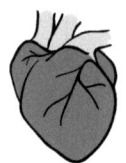

cœur

leker

muscle

mix

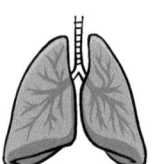

poumons

poumon

foie

lefwa

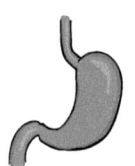

estomac

lestoma

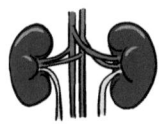

reins

lerin

rapport sexuel

sex

préservatif

kapot

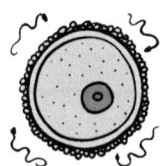

ovule

ovil

sperme

sperm

grossesse

groses

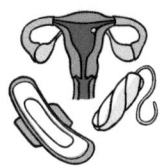

menstruation

period

vagin

vazin

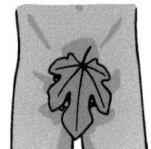

pénis

penis

sourcil

soursi

cheveux

seve

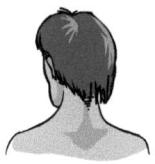

cou

likou

hôpital
lopital

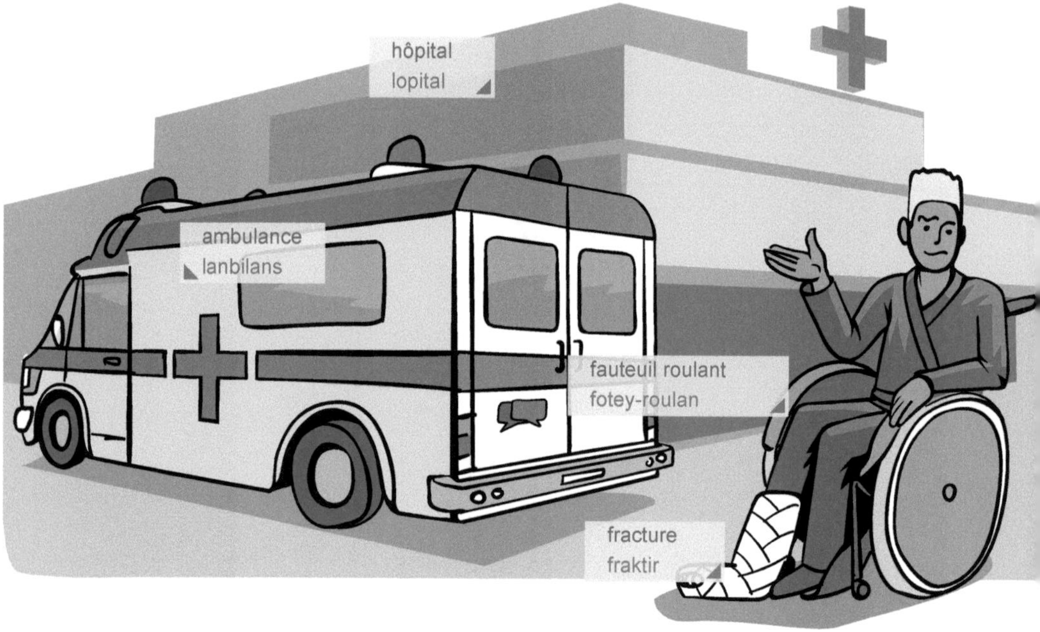

hôpital
lopital
ambulance
lanbilans
fauteuil roulant
fotey-roulan
fracture
fraktir

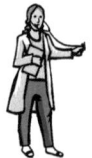

médecin

dokter

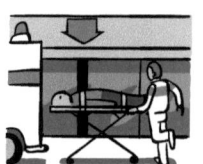

service des urgences

servis irzans

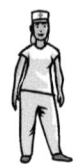

infirmière

ners

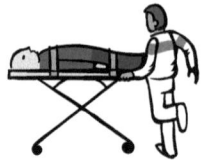

urgence

irzans

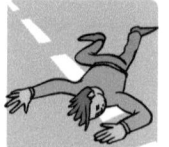

inconscient

inkonsian

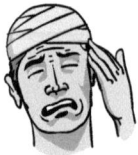

douleur

douler

blessure

blesir

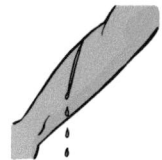

hémorragie

emorazi

crise cardiaque

kriz kardiak

attaque cérébrale

atak serebral

allergie

alerzik

toux

touse

fièvre

lafiev

grippe

lagrip

diarrhée

diare

mal de tête

malad latet

cancer

kanser

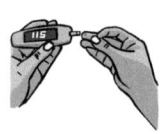

diabète

diabet

chirurgien

sirirzien

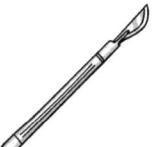

scalpel

skalpel

opération

operasion

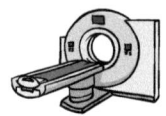

CT

CT

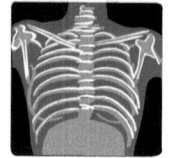

radiographie

x-ray

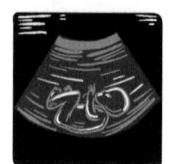

échographie

iltrason

masque

mask

maladie

maladi

salle d'attente

sal-datant

béquille

beki

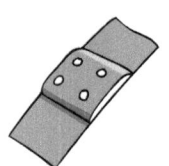

pansement

pansman

pansement

bandaz

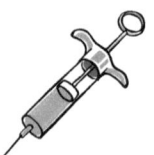

injection

inzeksion

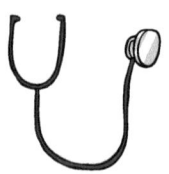

stéthoscope

stetoskop

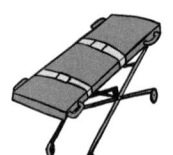

brancard

brankar

thermomètre

termomet

accouchement

nesans

surcharge pondérale

sirpwa

appareil auditif

laparey oditif

désinfectant

dezinfektan

infection

infeksion

virus

viris

VIH / sida

HIV / SIDA

médicament

medsinn

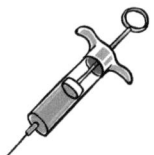

vaccination

vaksinasion

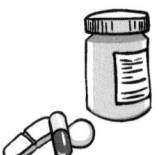

comprimés

konprime

pilule

pilil kontraseptif

appel d'urgence

korl irzans

tensiomètre

laparey tansion

malade / sain

malad / bien

Au secours !	alarme	assaut
o-sekour	alarm	atak

attaque	danger	sortie de secours
atak	danze	sorti de sekour

Au feu!	extincteur	accident
Dife!	laponp dife	aksidan

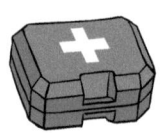

trousse de premier secours

kit first aid

SOS

SOS

police

lapolis

Europe

Ierop

Amérique du Nord

Lamerik di nor

Amérique du Sud

Lamerik di sid

Afrique

Iafrik

Asie

Iazi

Australie

Iostrali

Océan atlantique

latlantik

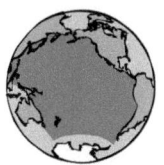

Océan pacifique

pasifik

Océan indien

Iosean indien

Océan antarctique

Iosean antartik

Océan arctique

Iosean artik

pôle nord

Pol Nor

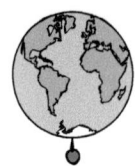

pôle sud

Pol Sid

Antarctique

lantartik

terre

later

pays

later

mer

lamer

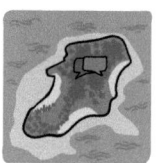

île

zil

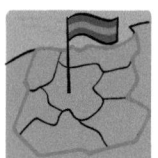

nation

nasion

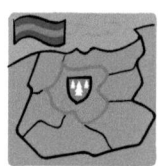

état

leta

cadran

kadran

aiguille des heures

zegwi ler

aiguille des minutes

zegwi minit

aiguille des secondes

zegwi segonn

Quelle heure est-il ?

ki ler la ?

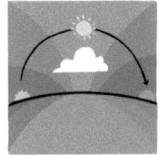

jour

zour

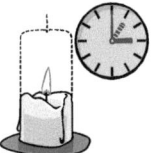

temps

letan

maintenant

aster-la

montre digitale

mont dizital

minute

minit

heure

ler

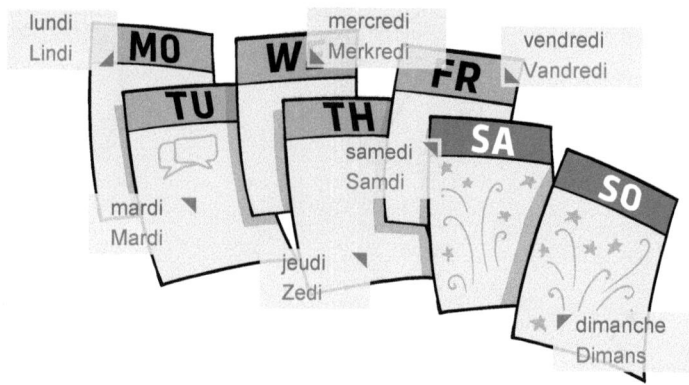

lundi
Lindi

mercredi
Merkredi

vendredi
Vandredi

mardi
Mardi

samedi
Samdi

jeudi
Zedi

dimanche
Dimans

hier

yer

aujourd'hui

zordi

demain

demin

matin

gramatin

midi

midi

soir

aswar

jours ouvrables

zour travay

week-end

wikenn

année
lane

arc-en-ciel
larkansiel
pluie
lapli
neige
lanez
vent
divan[
printemps
printan
automne
otonn
été
lete
hiver
liver

4.APRIL 11°
5.APRIL 4°
6.APRIL 13°
7.APRIL 8°
8.APRIL 10°

météo

meteo

F C
120 40
90 30
60 20
30 10
0 0
-30 -10
-20

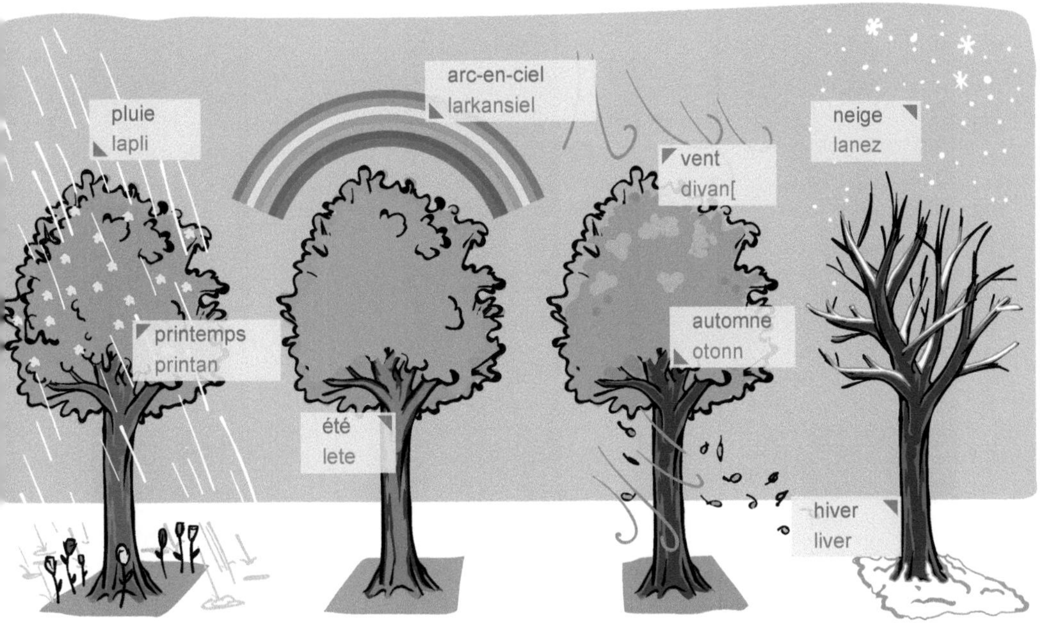

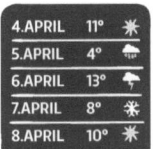

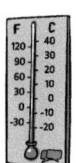

thermomètre

termomet

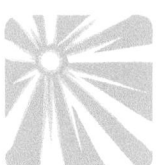

lumière du soleil

lalimier soley

nuage

niaz

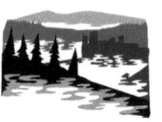

brouillard

brouyar

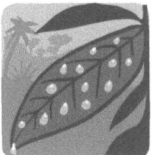

humidité

limidite

foudre

lafoud

tonnerre

toner

tempête

tanpet

grêle

lagrel

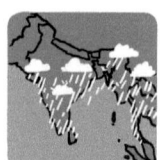

mousson

mouson

inondation

inondasion

glace

laglas

janvier

Zanvie

février

Fevriye

mars

Mars

avril

Avril

mai

Me

juin

Zien

juillet

Zilie

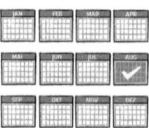

août

Out

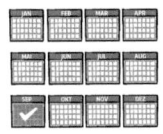

septembre
....
Septam

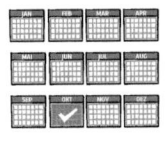

octobre
....
Oktob

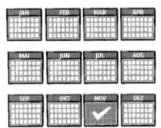

novembre
....
Novam

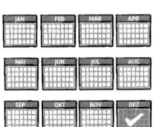

décembre
....
Desam

formes

form

cercle
....
ron

carré
....
kare

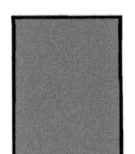

rectangle
....
rektang

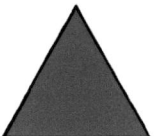

triangle
....
triang

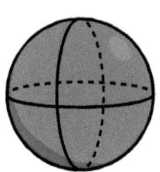

sphère
....
sfer

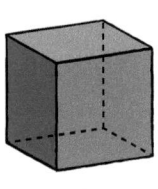

cube
....
kib

couleurs
bann kouler

blanc

blan

jaune

zonn

orange

oranz

rose

roz

rouge

rouz

violet

mov

bleu

ble

vert

ver

marron

maron

gris

gri

noir

nwar

beaucoup / peu

boukou / enn tigit

fâché / calme

ankoler / kalm

joli / laid

zoli / vilin

début / fin

koumansman / lafin

grand / petit

gro / tipti

clair / obscure

kler / obskirite

frère / soeur

frer / ser

propre / sale

prop / sal

complet / incomplet

konple / inkonple

jour / nuit

lizour / lanwit

mort / vivant

vivan / mor

large / étroit

larz / sere

comestible / incomestible

komestib / inkomestib

méchant / gentil

move / bon

excité / ennuyé

exsite / agase

gros / mince

gra / mins

premier / dernier

premie / dernie

ami / ennemi

kamwad / lennmi

plein / vide

ranpli / vid

dur / souple

dir / mou

lourd / léger

lour / leze

faim / soif

fin / swaf

malade / sain

malad / bien

illégal / légal

ilegal / legal

intelligent / stupide

intelizan / kouyon

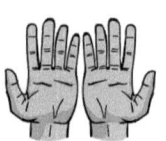

gauche / droite

gos / drwat

proche / loin

pre / lwin

oppositions - opozision

nouveau / usé

nouvo / ize

rien / quelque chose

nanye / kiksoz

vieux / jeune

vie / zenn

marche / arrêt

demare / arete

ouvert / fermé

ouver / ferme

faible / fort

trankil / for

riche / pauvre

ris / pov

correct / incorrect

bon / move

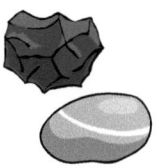

rugueux / lisse

brit / lis

triste / heureux

tris / zwaye

court / long

kourt / long

lent / rapide

lan / rapid

mouillé / sec

tranpe / sek

chaud / froid

so / fre

guerre / paix

lager / lape

0

zéro

zero

1

un / une

enn

2

deux

de

3

trois

trwa

4

quatre

kat

5

cinq

sink

6

six

sis

7

sept

set

8

huit

wit

9

neuf

nef

10

dix

distribiter biye

11

onze

onz

12

douze

douz

13

treize

trez

14

quatorze

katorz

15

quinze

kinz

16

seize

sez

17

dix-sept

diset

18

dix-huit

dizwit

19

dix-neuf

diznef

20

vingt

vin

100

cent

san

1.000

mille

mil

1.000.000

million

milyon

anglais

Angle

anglais américain

Angle Lamerik

chinois mandarin

Mandarin Sinwa

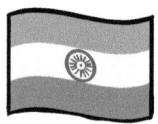

hindi

Hindi

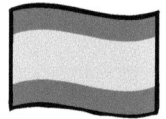

espagnol

espagnol

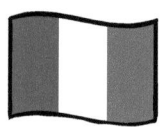

français

Franse

arabe

Arab

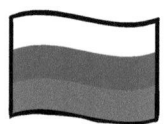

russe

Ris

portugais

Portige

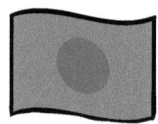

bengali

Bengali

allemand

Alman

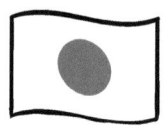

japonais

Zapone

je

mo

tu

to

il / elle / ce, c', cela

li

nous

nou

vous

ou

ils / elles

zot

Qui ?

kisana?

Quoi ?

kiete?

Comment ?

kouma?

Où ?

kotsa?

Quand ?

kan?

nom

nom

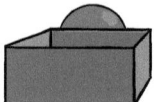

derrière

deryer

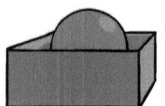

dans

dan

devant

devan

au-dessus

lor

sur

lor

en-dessous

anba

à côté de

akote

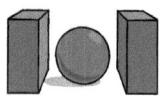

entre

ant

lieu

plas